DISCOURS

PRONONCÉ A MAUBEUGE

le dimanche 26 Octobre 1879

PAR

M. DE MARCÈRE

DÉPUTÉ

❖

PARIS

IMPRIMERIE ADMINISTRATIVE DE PAUL DUPONT,

41, RUE JEAN JACQUES-ROUSSEAU, 41

—

1879

DISCOURS

Prononcé à Maubeuge le dimanche 26 octobre 1879

PAR

M. DE MARGÈRE

DÉPUTÉ.

———◦◦◦◦○◦◦◦◦———

PARIS

IMPRIMERIE ADMINISTRATIVE DE PAUL DUPONT

RUE JEAN-JACQUES-ROUSSEAU, 41

--

1879

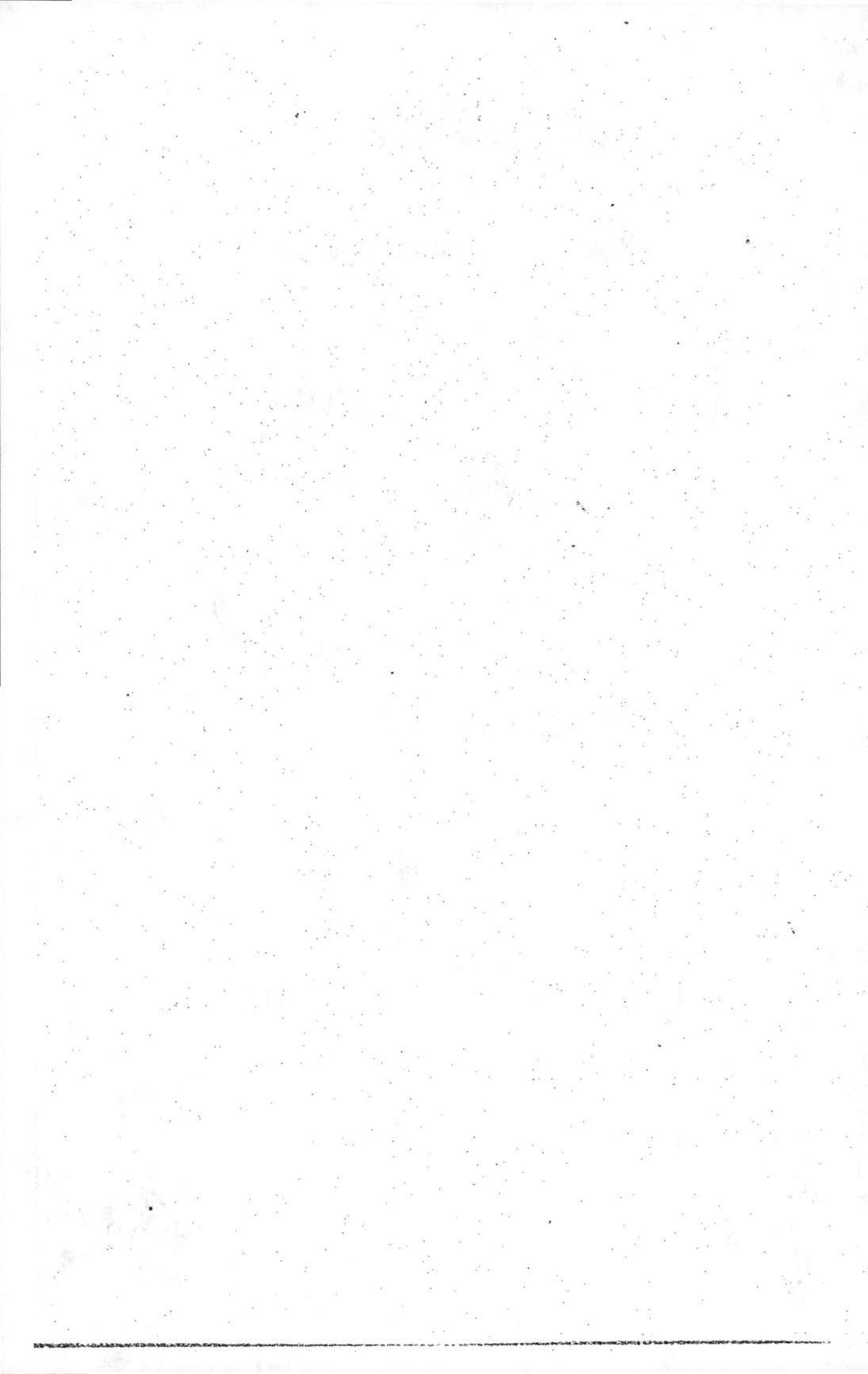

DISCOURS

Prononcé à Maubeuge le dimanche 26 octobre 1879

Par M. De MARCÈRE

DÉPUTÉ.

———— •>>>x<<<• ————

MESSIEURS,

Il y a assez longtemps que nous ne nous sommes rencontrés; j'avais hâte de me retrouver devant vous pour vous entretenir des affaires publiques, — qui sont les vôtres, — pour savoir si je suis en communauté d'idées, de sentiments, d'opinions avec vous, comme je l'ai toujours été jusqu'à présent, comme j'espère l'être encore aujourd'hui.

Mes amis m'ont exprimé le désir que vous éprouviez de m'entendre, et je me suis rendu bien volontiers à ce vœu, me rappelant qu'il n'y a pas bien longtemps encore, j'ai reçu, dans cette ville, des témoignages d'affection, de sympathie pour ma personne et d'adhésion pour les idées que je représente, qui ont laissé dans mon âme une impression ineffaçable.

Je romps aujourd'hui un assez long silence, qui quelquefois m'a été reproché ; mais il est bon pour les hommes politiques, comme pour les nations, de se recueillir de temps à autre, de rentrer en eux-mêmes, de s'interroger, de se demander compte de ce qu'ils ont fait, pour savoir si, dans leur conduite politique, ils sont restés fidèles à leurs engagements.

J'ai donc le dessein aujourd'hui de parcourir avec vous une longue carrière, car j'ai beaucoup à vous dire. Je voudrais vous mettre au courant de la situation politique de notre pays à tous les points de vue, vous exposer très nettement quelles sont mes idées, quelle est mon opinion sur les différentes questions qui éveillent l'attention publique, et je veux le faire, avec une entière franchise, avec une grande netteté d'expressions et d'idées, de manière à ce qu'il n'y ait ni doute ni équivoque sur ma pensée. Je n'ai jamais ait autrement.

J'ai toujours eu l'habitude, quand j'ai eu l'honneur de m'adresser à des hommes, de leur tenir un langage franc et net. Il est indigne d'un homme politique de déguiser ses opinions, de masquer son personnage, et de ne pas dire à ceux qui l'écoutent tout ce qu'il pense. Le temps, d'ailleurs, me semble venu de dissiper les nuages et de faire cesser les confusions. Il faut que chacun prenne son rang et sa place, et que le pays sache exactement ce que veulent les hommes qui ont pris la charge et la responsabilité des affaires publiques. (*Applaudissements.*)

Mon programme sera peut-être un peu vaste; j'essaierai de le remplir cependant. Je vous demande un peu de patience et beaucoup de cette bienveillance que vous m'avez toujours témoignée.

Je veux vous parler, d'abord, de vos intérêts plus particuliers, de ceux qui vous touchent de plus près; je vous parlerai ensuite des choses du Gouvernement; — du Gouvernement de la République, bien entendu, il n'y en a pas d'autre; — je vous parlerai enfin des questions principales qui sont aujourd'hui l'objet de l'attention publique et qui seront prochainement soumises aux délibérations du Parlement.

En ce qui touche vos intérêts plus particuliers, qui ne sont pas différents de ceux de la politique, car la politique est partout, je voudrais vous dire un mot des questions économiques qui agitent si vivement les esprits, c'est-à-dire des traités de commerce et des tarifs.

Relativement aux traités de commerce, vous connaissez la situation : La France n'a plus de traités de commerce, ils sont tous expirés; mais le Gouvernement, pour ne pas laisser les intérêts économiques en souffrance, a prorogé les traités antérieurs pour six mois, à partir du vote des tarifs qui sont aujourd'hui soumis aux délibérations des Chambres.

J'estime qu'il est nécessaire que les traités de commerce soient renouvelés le plus tôt possible; il ne faut pas que ces affaires restent longtemps en suspens; trop d'intérêts y sont engagés. Il est urgent que les commerçants, les industriels et les ouvriers sachent à quoi s'en tenir sur ces matières.

On a fait précéder les négociations qui doivent aboutir à la conclusion des traités, d'une enquête sur les tarifs, afin de connaître la situation exacte de nos industries, de savoir s'il y a lieu de relever les tarifs ou de les maintenir tels qu'ils sont. Cette enquête, et la loi qui doit suivre, serviront de base aux négociations à ouvrir avec les nations étrangères.

La pensée générale des Chambres et du Gouvernement — et je crois que c'est aussi la pensée à peu près générale des hommes qui appartiennent au parti libéral et républicain — est de ne pas s'éloigner des principes adoptés en 1860. Le libre-échange est, comme toutes les autres, une doctrine sujette à des tempéraments. Des esprits sensés, raisonnables, compétents, connaissant bien la situation de nos industries, jugent nécessaire un relèvement de tarif sur certaines matières, et je ne doute pas, quant à moi, qu'il y aura lieu, en effet, de protéger quelques-unes de nos industries. En somme, l'opinion qui domine dans le parti républicain, dans les Chambres et dans le Gouvernement, est qu'il faudra s'en tenir à peu près aux principes des traités de 1860, en tenant compte du mouvement des idées économiques qui s'est produit dans ces derniers temps, chez des nations qui nous avoisinent.

Je fais ici l'office d'une sorte de rapporteur des opinions communément adoptées. Je ne suis ni économiste, ni industriel, mais je n'ai pas passé vainement par les affaires publiques, et je ne suis point étranger aux questions qui touchent si directement à vos intérêts.

Au surplus, je n'ai pas l'intention de connaître ces intérêts mieux que vous-mêmes, et quand il s'agira de voter sur des questions de tarifs, je conformerai très volontiers mes opinions personnelles à celles de mes commettants... (*Vifs applaudissements.*)

J'aurai soin, toutes les fois que j'aurai à prendre une résolution sur des questions de tarifs, de m'entourer de vos avis autorisés et de consulter les intérêts de ceux que j'ai l'honneur de représenter au Parlement. (*Nouveaux applaudissements.*)

Parmi les industries qui se plaignent, il en est une, la première de toutes, la mère nourricière de la France, l'agriculture, dont les souffrances sont réelles; les mauvaises années que nous avons traversées rendent ces souffrances sensibles pour tout le monde. Quel remède y apporter? Il y en a un qui a été proposé et contre lequel je désire vous mettre en garde : on a parlé de frapper d'un droit d'entrée certaines denrées alimentaires. Pour mon compte, je ne peux pas approuver que l'on donne une satisfaction de ce genre à l'agriculture. (*Vive approbation.*)

Frapper d'un droit d'entrée les céréales, les matières alimentaires, cela aurait pour conséquence fatale leur renchérissement; et vous, qui êtes, je le pense, de bons républicains, vous savez combien il importe à la République de ne pas encourir ni mériter ce reproche, de faire augmenter le prix des matières qui servent à l'alimentation !

Si nous encourions ce reproche, il est un mot terrible dont on a fait parfois usage et qu'on nous jetterait à la face, on nous dirait : « Vous affamez le peuple ! » Je vous laisse à penser ce que la République pourrait en souffrir. (*Bravos.*)

Donc il est impossible d'admettre que cette ressource soit fournie à l'agriculture. Mais il faut lui venir en aide cependant ; et comment ? Je ne vois guère que deux moyens praticables : il faut, d'abord, que l'Etat favorise le développement de la vicinalité, facilite et accroisse les communications, et qu'ainsi il décharge l'agriculture des frais énormes que lui occasionnent les transports ; d'autre part, il faut, autant que possible, diminuer les impôts qui pèsent sur elle. Vous savez dans quelle situation est notre budget : les finances de l'Etat sont dans une prospérité merveilleuse, surprenante, et qui nous donne, à nous, une satisfaction sans mélange. Chaque année nous nous sommes préoccupés au Parlement de diminuer les lourds impôts occasionnés par la guerre. On en a déjà supprimé quelques-uns ; l'année dernière, on a voté la suppression de l'impôt sur la chicorée qui pesait si lourdement sur vos populations ; il en est un autre que j'avais songé à faire diminuer dans une large mesure alors que je faisais partie du Gouvernement, c'est l'impôt sur les sucres, dont j'avais proposé le dégrèvement à mon honorable collègue des finances. M. Léon Say, qui pensait alors au dégrèvement de la chicorée et des patentes, me fit observer qu'on ne pouvait pas faire tout à la fois et me pria d'ajourner ma proposition. J'ai cédé, mais cette année mon intention est de la renouveler. J'en ai conféré avec M. le Ministre des finances, qui entrerait facilement dans ces vues. Il reconnaît que l'industrie du sucre touche à mille intérêts qui tous se rapportent à la propriété foncière, et que tout ce qui la favorise profite à la richesse générale.

M. le Ministre des finances m'a fourni, à ce sujet, des documents précieux; il m'a communiqué des états qui prouvent que plus l'impôt des sucres diminue, plus la consommation augmente, et cet effet se produit dans des proportions extraordinaires. De là, une série de conséquences des plus heureuses pour l'industrie sucrière et pour l'agriculture. M. Léon Say serait, je le crois, disposé à accepter cette idée du dégrèvement de l'impôt des sucres; quant à moi, je le proposerai de concert avec mes collègues du Nord, et je ne doute pas que nous arrivions à un résultat sérieux, car, pour être profitable, il faut que la diminution soit importante. (*Applaudissements.*)

Un autre moyen de venir en aide à l'agriculture, c'est, je l'ai déjà dit, le développement des voies de communication pour rendre les transports faciles et à bon marché.

Lorsque j'étais au Ministère de l'intérieur, j'ai proposé aux Chambres une loi par laquelle l'Etat mettait à la disposition des communes 300 milions pour faciliter l'achèvement de la vicinalité. Cette somme n'était pas

2

une subvention proprement dite; elle était mise à
la disposition des communes qui peuvent, à l'aide
de cette caisse spéciale, emprunter à des conditions avantageuses.

Cette année, M. le Ministre des finances a constaté
que les recettes des budgets antérieurs se soldent
par un reliquat de 80 millions qui n'ont pas eu d'em-
ploi, c'est-à-dire que, depuis un certain nombre d'années, nos budgets, non seulement ont suffi à nos
dépenses, mais encore ont donné un boni qui se
monte aujourd'hui à 80 millions.

Ce sont ces 80 millions, qui ne coûteront rien aux
contribuables, qui sont dès à présent disponibles, que
M. le Ministre des finances aurait l'intention, avec
grande raison selon moi, de mettre à la disposition
des communes, à titre de subvention directe. (Applaudissements.)

Je viens de traiter une question qui vous touche
de bien près, qui appelle chaque jour votre attention,
à vous tous, industriels, commerçants, ouvriers. Il y
en a d'autres, non pas plus hautes, mais d'un autre
ordre, ce sont les questions de politique proprement
dite dont je dois vous entretenir.

Je voudrais d'abord vous parler du Gouvernement.
Je désire vous exposer mes vues sur la manière dont
on doit, selon moi, le diriger pour le bien de la
République, et sur la manière dont je l'ai moi-même
pratiqué. Et à ce propos, je me crois obligé, — quoiqu'il
m'en coûte de le faire, — de revenir en arrière, et de
vous parler un peu de moi. Je n'aime pas me mettre

en scène ; j'ai toujours pensé que les hommes poli-
liques se font connaître mieux par leurs actes que
par leurs paroles, et quant à moi, c'est aux actes que
j'ai l'habitude de juger les hommes. Toutefois, il ne
sera peut-être pas inutile de faire, pour un moment,
retour vers un passé bien récent encore, et qui
pourtant nous paraît lointain par la grandeur des
événements accomplis.

En 1871 les élections furent faites rapidement,
presque instantanément, sans que la nation ait pu se
reconnaître, et très peu d'hommes purent, à cette
époque, communiquer leur pensée aux électeurs.

J'ai eu cette fortune d'être un des rares candidats
de ce temps qui aient publié une profession de foi.
Ce n'est pas dans des conciliabules restreints, ce n'est
pas dans des conversations privées que j'ai annoncé
ce que je prétendais faire : je l'ai écrit, je l'ai im-
primé, je l'ai distribué.

Déjà, sous l'Empire même, j'avais publié un livre
qui resta fort obscur comme je l'étais moi-même, et
dès ce temps-là, j'avais pris parti, par l'examen atten-
tif que j'avais fait de notre pays, de sa situation, des
divisions qui y régnaient, des vues d'avenir qu'il était
permis de concevoir ; dès ce temps-là, dis-je, je
m'étais prononcé pour la République. Et dans ma
profession de foi de 1871, j'ai déclaré à mes électeurs
que je voterais pour la forme du gouvernement
républicain, m'engageant à la soutenir et à la défendre.
(*Vifs applaudissements.*)

Je fus envoyé à l'Assemblée nationale. Depuis lors,

ai-je failli à cette promesse, à cet engagement, et ne
m'a-t-on pas vu toujours, dans toutes les occasions,
un des premiers sur la brèche pour fonder et défendre le gouvernement de la République ? (*Bravos
prolongés.*)

A l'Assemblée nationale, j'ai pris part à cette
grande campagne, menée si habilement et si heu-
reusement, grâce à l'appui de la nation, qui, dans
sa sagacité, dans sa sagesse, dans son instinct profond,
avait compris que son salut était dans la République,
et qu'il fallait suivre les hommes qui la menaient vers
ce but. Oui, la nation nous a soutenus sans cesse de
son assentiment, de sa constance. Pouvions-nous
nous montrer moins constants et moins fermes qu'elle ?
Il arriva un moment où des hésitations se produi-
sirent dans le parti républicain ; on se demanda si la
conduite la plus sage n'était pas de marcher, quoique
dans le même sens, chacun de son côté, non pas par
éloignement mutuel, par un sentiment de réserve sur
le fond des questions engagées, mais parce qu'on
supposait qu'il pouvait être plus utile pour la République même d'adopter cette conduite.

Un homme qui est mort depuis et qui portait un
grand nom, M. Casimir Périer le père, était d'avis que
le centre gauche, dont je faisais partie, devait suivre
seul sa voie, se concerter, mais ne pas se fondre avec
les autres fractions du parti. Mes amis et moi nous
avons résisté ; nous avons pensé que c'eût été
commettre une faute grave que de nous séparer alors
des autres fractions de la gauche. Nous fîmes entre

toutes les nuances républicaines cette alliance qui nous a donné la victoire.

C'est cette union qui a fait notre force, c'est elle qui nous a permis, malgré les efforts de nos adversaires, malgré leur demi-triomphe au 24 mai 1873, malgré leur politique violente (*Bravos*), c'est elle qui nous a permis, aux élections de 1876, de triompher devant le pays, qui envoya à la Chambre une majorité telle que toute résistance à la République paraissait désormais impossible. C'est à ce moment-là que j'ai eu l'honneur d'être appelé dans le Conseil du Gouvernement de la République : la lutte était à peine fermée; nos ennemis, — j'ai tort de me servir de ce mot, entre citoyens d'un même pays, il n'y a pas d'ennemis, — nos adversaires n'étaient pas vaincus; ils étaient en grand nombre dans la Chambre, en majorité dans le Sénat; ils dominaient presque à l'Élysée. Il fallait donc aux républicains qui composaient le Gouvernement une fermeté très grande, mais une prudence extrême; car nous n'étions maîtres qu'à demi; nous l'étions dans le pays, non au milieu des pouvoirs publics.

Je n'hésitai pas cependant, dans l'organisation du personnel et dans la direction donnée à la politique intérieure, à faire acte de vrai ministre républicain. (*Bravo! bravo! C'est vrai!*)

Plus tard, après l'échec de M. Dufaure devant le Sénat sur la question des grâces, j'ai dû me retirer avec lui.

Messieurs, ma retraite précéda de très peu de temps

le 16 mai. Le 16 mai fut un nouvel effort tenté par
nos adversaires pour mettre la main sur la République.
Vous savez ce qui s'est passé, à cette époque ; vos
blessures sont encore vives, vos souvenirs cuisants ;
ce 16 mai est une des causes, hélas! les plus certaines
des difficultés qui subsistent encore sur notre chemin.
Mais la France est restée inébranlable sous ce nouveau
coup ; elle a montré une fermeté qui a été l'objet de
l'admiration universelle, fermeté calme, tranquille,
virile, telle que doit être celle d'un peuple qui
s'appartient, qui sent qu'il est maître de ses destinées,
et qui exécute ses volontés sans violence. Les élections furent pour nous un succès éclatant, et vous
m'avez fait l'honneur de me renvoyer à la Chambre
avec le même mandat qu'auparavant. De mon côté, je
vous avais fait les mêmes promesses, et je les ai tenues.
Nos adversaires prétendaient résister à la volonté du
pays et songeaient encore à le soumettre ! On constitua
alors cette Commission des Dix-huit, sorte de Comité
d'exécution, dont la mission était de résister aux
efforts tentés par le Ministère, qui persistait à se
maintenir au pouvoir. J'ai eu l'honneur de faire
partie de cette Commission, et c'est un honneur que
je réclame, car il y avait bien quelque responsabilité
à encourir. (Bravos.) Je n'ai pas hésité à prendre la
charge de cette responsabilité, m'étant donné tout
entier à la liberté et à la République. Je n'ai pas
fait mieux que mes collègues, mais j'ai fait comme
eux. Au dernier moment, quand la lutte semblait
proche, quand il semblait que la guerre civile était

à nos portes, alors que tout le monde envisageait cette effroyable éventualité, je fus chargé par mes collègues de porter le dernier coup ; je l'ai fait simplement, nettement, sans faillir, ni à moi-même, ni à mon parti. (*Applaudissements répétés.*)

Le ministère qui prétendait s'imposer à la France et au Parlement dont il ne faisait pas partie, ce ministère disparut, et quelques jours après je rentrais dans le Gouvernement comme ministre de l'intérieur. Cette fois, nous étions plus forts, plus maîtres de la situation ; la France avait exprimé sa volonté avec une telle énergie que toute résistance eût été vaine et eût paru puérile. Aucun effort de ce genre, je dois le dire, ne fut plus tenté, et quant à moi, j'usai sans faiblesse de notre liberté d'action. Huit jours après que j'eus repris possession du ministère tout le personnel administratif était changé. (*Bravos.*)

Quinze jours après, je faisais faire des élections municipales dans toute la France ; je renouvelais toutes les municipalités ; puis, au fur et à mesure que des vacances se produisaient dans les Chambres, je faisais procéder aux élections législatives. Il y en eut plus de cent. Et tout cela s'est fait sans violence, sans que personne puisse dire que j'abusais de mon droit ; il ne s'est pas élevé une plainte pendant le cours de ces opérations qui touchaient à tant de personnalités et à tant d'intérêts. C'est que, je puis le dire, j'apportais dans l'exercice du pouvoir de la modération et un esprit sincère de justice et d'équité. (*Assentiment.*)

Quand mes adversaires, à la Chambre, ont prétendu élever contre moi des accusations, il ne m'a pas été difficile de les confondre. Je leur ai montré le droit et la loi; ils n'ont pu soutenir sérieusement que j'avais manqué à ces règles suprêmes, et dans les luttes de cette année laborieuse j'ai souvent recueilli, avec une satisfaction que je ne dissimule pas, l'approbation de mes amis politiques. C'est dans cet esprit que le régime nouveau a été inauguré, esprit sage, modéré, ferme, sans complaisance pour les adversaires de la République, mais aussi sans haine, sans violence contre les personnes. (*Bravos.*)

Nous avions, à maintes reprises, pendant nos luttes électorales, — pour ma part, je l'avais toujours fait, —nous avions déclaré à la France que la République était un gouvernement d'ordre et de justice, et que si elle avait quelque prix à nos yeux, c'est qu'elle valait mieux, à ce titre, que les autres régimes. (*Vive approbation.*)

Aussi n'avons-nous pas voulu commettre les mêmes injustices, les mêmes iniquités que l'on a reprochées à nos prédécesseurs. C'est ainsi que pour mon compte, je me suis bien gardé de traiter mes adversaires comme des ennemis. Non, il ne faut pas que nos adversaires politiques soient pour nous des ennemis. Est-ce que la France est en guerre civile? est-ce que nos concitoyens doivent être traités en suspects? Eh! messieurs, ce serait perpétuer dans notre pays un état de division et de discorde qui rendrait impossible tout établissement durable; ce serait entretenir, comme à plaisir,

les plaies de la patrie, qu'il faut guérir, qu'il faut
fermer. Non, non, la République ne peut remplir
les promesses qu'elle a faites, réaliser son programme qu'à la condition de se montrer aussi ferme
dans l'application des lois que modérée envers
les personnes, qu'à la condition de ne pas être un
gouvernement de parti.

C'est ainsi que nous donnerons à la France entière
confiance dans le principe de la République et dans
son avenir.

C'est à ce programme que la France a adhéré
quand elle formait des majorités triomphantes. Elle a
pu dire alors : Oui, la République est un gouvernement d'ordre, on peut y vivre à l'aise et en liberté;
la justice y est respectée, les droits de tous sont
reconnus et tous les intérêts sont satisfaits. Et elle
nous donna une preuve éclatante de sa confiance
dans les élections sénatoriales.

Elle avait acquis dès lors la certitude que sous le
gouvernement de la République on pouvait vivre en
paix, en liberté et en sécurité. Aussi me suis-je
félicité souvent, après ce grand résultat qui assure
l'avenir, d'avoir suivi, dans l'exercice du pouvoir,
les principes que je viens d'exposer.

Après les élections sénatoriales, la victoire était
complète; ce n'était plus seulement à la Chambre
des députés que la République était triomphante, c'était
aussi au Sénat, et quelques jours après, un chef
d'État républicain siégeait à l'Elysée. A ce moment,
il s'est produit un phénomène bien naturel, qui, pour

3

mon compte, ne m'étonne pas ; il s'est produit ce fait :
c'est que le parti républicain, qui avait la souvenance
de ce qu'on avait fait contre lui les 16 et 24 mai, dont
les blessures étaient, en quelque sorte, saignantes,
qui avaient à se plaindre des traitements inouïs qu'on
lui avait fait subir, le parti républicain voulut profiter de sa victoire, et il crut que les principes de
gouvernement que je viens d'énoncer n'étaient plus
en complet accord avec les circonstances nouvelles.
On disait volontiers alors qu'il fallait gouverner plus
républicainement. Je ne m'en étonne pas, je ne le
trouve pas mauvais. Dans un pays libre et bien or-
ganisé, il faut que successivement tous les principes
de gouvernement soient appliqués par des hommes
différents, car si ce sont les mêmes hommes qui ap-
pliquent des principes différents, que penserez-vous
de ces hommes? Gouverner républicainement, — je
le dis sans vouloir blesser personne, — je ne sais pas
bien ce que cela veut dire ; je sais ce que c'est que
gouverner libéralement ou despotiquement, mais gouverner républicainement, je ne sais ce que c'est. Je
croyais, et je crois encore, que ce qu'il y avait de plus
sûr pour la République, c'était de suivre la méthode
et d'appliquer les principes qui avaient déjà réussi.
Or, mon parti n'étant pas, à ce moment, de cet avis,
il était naturel que je me retirasse. M'obstiner à
rester au pouvoir quand je sentais que je n'étais plus
d'accord avec la majorité, non pas sur le fond des
choses, mais sur la manière de gouverner, sur la
méthode à appliquer dans le gouvernement, ce n'était

pas possible. Qu'eussiez-vous pensé de moi, si j'étais resté? Vous savez ce qu'on dit des ministres qui s'entêtent à garder le pouvoir, on dit qu'ils se cramponnent à leur portefeuille. Je ne suis pas de ceux-là, et quand j'ai pensé qu'un autre que moi ferait mieux les affaires de la République, je me suis retiré. (*Bravos.*)

Le ministre qui m'a succédé appartient à une fraction plus accentuée du parti républicain ; mais s'il y a des divergences de vues entre nous, je suis lié à lui par des sentiments d'affection et d'estime qui, j'en suis sûr, sont réciproques.

Au fond, et qu'elles qu'aient été les circonstances accessoires de ma retraite, il y avait désaccord entre une fraction importante de mon parti et moi sur la ligne politique à suivre. Je connais trop, et je tiens trop surtout à obéir aux règles du régime parlementaire, pour n'avoir pas compris alors où était mon devoir, et où était aussi ma dignité.

Voilà, messieurs, le fond des choses. Mais l'occasion de ma retraite fut une question d'administration, relative à la préfecture de police.

Il s'agissait précisément d'une affaire dans laquelle j'eus à appliquer les règles nécessaires d'un gouvernement vraiment libéral. Pour moi, je pense que le Gouvernement a pour principal devoir de garantir à tous et à chacun l'entier exercice de son droit. Comment remplit-il ce devoir? Ceux qui croient que la liberté consiste à ne subir aucune loi qui les gêne, se trompent étrangement : c'est le contraire qui est

vrai. Oui, il faut assurer à chacun l'entier exercice
de ses droits, mais de ses droits seulement, ce
qui revient à dire que dans un État bien réglé, il
est nécessaire que chacun reste à sa place. Un par-
ticulier a ses droits personnels ; s'il prétend exercer
les droits d'autrui, il devient injuste. Les corps cons-
titués, tels que les Conseils municipaux, les Conseils
généraux, les corporations, ont des droits ; il faut qu'ils
puissent les exercer dans toute leur étendue, et le Gouvernement ne peut, sans tyrannie, restreindre leurs
attributions ; son devoir, au contraire, est de protéger
ces corps, de leur garantir l'exercice de leur droits.
(*Approbation.*) Mais il ne faut pas qu'ils sortent de
leurs attributions, qu'ils prétendent exercer des droits
qui ne sont pas les leurs ; il ne faut pas, par exemple, qu'un Conseil municipal, fût-il celui de Paris,
prétende exercer des droits politiques. (*Applaudissements.*)

Pourquoi ? C'est que si on laissait se produire
une pareille confusion, chacun suivre sa fantaisie,
prétendre s'occuper des choses qui ne le regardent pas,
ou dont il n'a pas la charge, ce ne serait pas la
liberté qui régnerait, ce serait l'anarchie. Vous
verriez — cela s'est vu — un Conseil municipal
prenant, par exemple, le nom de Commune, envahir
peu à peu tous les droits des citoyens, du Gouvernement, du Parlement lui-même, s'en emparer et
devenir une sorte de pouvoir en dehors de la constitution, pouvoir d'autant plus envahissant qu'il n'a
plus aucune règle. Je disais que cela s'est vu ; oui,

cela s'est vu en 1792 sous le régime des Sections et de la Commune de Paris.

Nous n'avons pas le droit d'oublier les leçons de l'histoire, et, pour moi, je les ai présentes à l'esprit ; je sais comment ont toujours péri les républiques dans notre pays, et je ne veux pas que celle-ci périsse de même. (*Bravos.*)

Chacun doit rester à sa place; c'est là la garantie de la liberté pour tout le monde. Or, précisément sur cette question spéciale, qui a été l'occasion de ma retraite, j'avais constaté et réprimé des tentatives d'envahissement d'un pouvoir sur l'autre, une sorte d'antagonisme entre le Conseil municipal de Paris et la Préfecture de Police, c'est-à-dire le Gouvernement lui-même. La police est une attribution d'Etat par excellence; elle assure la sécurité des citoyens, la paix dans la grande cité, la sûreté de l'Etat. Je vous demande, si ce pouvoir considérable de la police de Paris passait en d'autres mains que celles de l'Etat, qui donc dans Paris, c'est-à-dire en France, serait le maître ?

C'est dans ce conflit, qui ne fut, je le répète, que l'occasion de ma retraite, c'est dans ce conflit que se manifesta un dissentiment entre la majorité de la Chambre et moi. Depuis lors, il le semble du moins, on n'a pu faire autrement que moi-même, tant il est vrai qu'un gouvernement ferme, éclairé, raisonnable, n'abandonnera jamais à d'autres mains que les siennes la police de Paris. (*Applaudissements.*)

Vous avez entendu parler d'attaques personnelles

4

dont je fus l'objet à ce moment, non dans la Chambre ni dans le monde politique. Hélas! ce n'est pas nouveau; il y a longtemps que l'on attaque par de pareils moyens les hommes politiques. Je désire, pour l'honneur du parti républicain, qu'il répudie ces procédés qui ont contribué à perdre d'autres démocraties que la nôtre sans les honorer. Il me répugne de me disculper devant vous de pareils outrages; ma vie entière proteste contre les imputations dont je fus l'objet. C'est à la tribune seulement et non dans un procès que j'ai voulu me défendre; il m'a suffi d'un cri d'indignation et de défi. (*Vifs applaudissements.*)

Ce cri, je le répéterais volontiers ici si c'était nécessaire, mais j'ai la confiance que pas un de vous n'a cru un seul instant que votre représentant fût coupable de se livrer aux indignes manœuvres dont on l'a accusé. Et je passe.

Après avoir quitté le pouvoir, par convenance et par dignité, j'ai cru devoir garder le silence. Pendant ce silence, que je romps aujourd'hui pour la première fois, j'ai fait pour mon compte des réflexions que beaucoup d'hommes politiques ont faites comme moi. La République est établie d'une manière indiscutable, incontestée; elle ne rencontre autour d'elle, ni devant elle, aucun adversaire sérieux. Comment va-t-elle se conduire? Vous avez lu cent fois dans les journaux qui vous passent sous les yeux cette question posée. Quelle sera notre République? Sera-t-elle parlementaire, libérale ou autoritaire? Quelques-uns voudraient qu'elle fût anarchique. Eh bien! il faut que chacun se fasse une opinion sur ce sujet. Jusqu'à ce jour, on a combattu pour l'existence. Maintenant, il faut savoir comment on veut vivre.

Pour moi, messieurs, mon choix est fait : je tiens que la République doit être parlementaire et libérale. Or, que faut-il pour qu'un tel Gouvernement fonctionne régulièrement ? Il faut une condition qui n'a pas pu se rencontrer jusqu'à présent par suite de circonstances dont on ne doit pas accuser les hommes du parti républicain, mais plutôt nos adversaires : il faut deux partis. On ne peut pas gouverner toujours dans le même sens ; tous les pays libres offrent l'exemple de deux partis qui se succèdent au pouvoir et qui régulièrement font prévaloir dans les affaires de l'État les opinions diverses de la nation tout entière. Ces deux partis correspondent à des natures d'esprit différentes et à un intérêt permanent de l'État. L'intérêt permanent de l'État est de maintenir le bon ordre et la paix sociale dans le mouvement que tout Gouvernement est tenu d'imprimer à la marche des affaires publiques. Mais on ne peut toujours aller en avant dans la même direction sans rencontrer des pentes sur lesquelles on glisse, et on s'expose à tomber. Les intérêts politiques se modifient et l'opinion publique a des retours. C'est pour cela qu'en Angleterre, en Belgique, en Italie, on voit deux partis qui ne sont pas ennemis, mais qui représentent des opinions, des sentiments, des nuances d'idées diverses, diriger tour à tour les affaires de leur pays. (*Bravos.*)

Jusqu'à présent, cette condition n'a pas pu se rencontrer dans le Gouvernement républicain. Je vous en ai expliqué la raison : c'est que tous nos efforts ont tendu jusqu'à ce jour à la fondation de la République, et qu'il n'était pas trop de toutes les forces, de toutes les lumières des divers groupes républicains pour atteindre ce résultat souhaité; l'union du parti républicain était indispensable au succès. Mais aujourd'hui, je crois que nous ne pourrons établir un Gouvernement régulier qu'à la condition d'avoir ces deux éléments de pondération qui font seuls les régimes parlementaires.

Les éléments d'un tel Gouvernement sont dans le pays : il faut qu'ils se montrent, qu'ils agissent, et il n'y a pas d'intérêt, si grand qu'on le représente, qui soit supérieur à la nécessité de leur présence et de leur liberté d'action dans les affaires publiques. Ainsi régulièrement organisée, la République devra continuer, je le maintiens, à se montrer ferme, mais équitable, envers ses adversaires et modérée dans l'application des lois. Il ne faut pas aggraver par des violences inutiles un état de division qui, s'il se perpétuait dans ce pays, amènerait sûrement des désastres et sa perte. (*Applaudissements.*)

Tel est, Messieurs, mon sentiment sur ce que réclame la situation politique : un Gouvernement vraiment parlementaire, dans lequel se trouvent les deux éléments, qui existent dans tous les pays libres ; pondération sans laquelle tout régime ressemble à une faction triomphante ; procédés de gouvernement équitables, prudents et modérés, qui garantissent les droits de tous et rassurent tous les intérêts. Ces principes, je les ai toujours suivis ; je les crois encore aujourd'hui les meilleurs. (*Nouveaux applaudissements.*)

Vous voyez que je vous parle avec une pleine franchise. Je ne cherche pas à déguiser ma pensée, ni à justifier ma conduite politique par de vaines protestations ; je me présente à vous tel que je suis, comme citoyen, comme député, comme ancien ministre. Vous pouvez juger maintenant de mes sentiments véritables, et j'ai l'espoir que nul dissentiment sérieux ne me sépare de vous. (*Vifs applaudissements.*)

Je voudrais vous parler maintenant de quelques-unes des questions législatives qui préoccupent l'opinion publique.

La première de toutes, c'est la question de l'amnistie. Je suis — et je vous dirai pourquoi — absolument contraire à l'amnistie plénière. (*Vive approbation.*)

J'y suis opposé par des raisons que vous approuverez, je crois.

Messieurs, il ne s'agit pas ici des hommes, ils n'est pas question d'humanité, ni de nous apitoyer sur le sort de tels ou tels qu'on nous dépeint comme malheureux. Vous savez ce que c'est que l'amnistie : c'est une loi d'État qui, par une puissance spéciale, a la vertu d'effacer de l'histoire le fait lui-même qui a été l'occasion de condamnations prononcées ; l'amnistie ne décharge pas seulement des hommes coupables des pénalités encourues, elle fait disparaitre le crime lui-même. On a pensé quelquefois, par des raisons d'Etat, qu'il était utile d'effacer la trace des discordes civiles et d'anéantir les effets qu'elles avaient produits en affectant la situation des citoyens qui s'y étaient trouvés mêlés.

Mais l'insurrection de 1871 est un fait inoubliable, et la génération qui en a été le témoin et la victime n'a pas, selon moi, le droit de l'absoudre. Il y eu dans notre pays des émeutes sanglantes et terribles qui se sont produites sous des gouvernements reposant, les uns sur le droit divin, les autres sur l'assentiment d'une classe spéciale de citoyens ; ces révoltes s'attaquaient à des pouvoirs qui n'était point établis sur la volonté nationale. L'insurrection de 1871, au contraire, était une insurrection contre la souveraineté de la nation. La France entière avait envoyé à Bordeaux, puis à Versailles, une assemblée souveraine qui avait reçu le mandat de prendre toutes les mesures que réclamait le salut du pays. Et c'est contre cet acte national que Paris s'est soulevé !

Messieurs, ne laissons jamais se commettre, de quelque couleur qu'on les couvre, de pareilles atteintes contre la souveraineté nationale. Il n'y a rien qui doive prévaloir contre elle. Gardez votre souveraineté, préservez-la de toute atteinte, n'autorisez personne, ni aucune ville, ni aucune commune, ni aucune fraction de citoyens, à porter la main sur elle.

La révolte de 1871 est un de ces faits qui constituent un précédent dangereux, un exemple funeste, un crime d'Etat. Il y a là une question de haute moralité politique qui s'impose à l'Etat, qui s'impose à vos représentants, qui s'impose à vous-mêmes. Vous n'avez pas le droit d'abdiquer votre souveraineté ; c'est un dépôt que vous avez reçu, que vous devez transmettre intact aux générations qui vont suivre. Il y a encore contre l'amnistie plénière des raisons moins hautes, quoiqu'elles aient aussi leur valeur. Sur les 100,000 hommes qui ont pris part à l'insurrection, nous avons tous compris qu'il y en avait un grand nombre qui s'étaient laissés entraîner à cette révolte, sans en bien comprendre la portée, affaiblis ou exaspérés qu'ils étaient par les douleurs du siège, et dans une sorte d'état moral qu'on a dépeint souvent comme une espèce de folie obsidionale. Tous ces hommes sont rentrés dans leurs foyers; combien en reste-t-il au dehors? Un millier à peine, et parmi ce millier, il y en a les trois quarts qui, selon des déclarations officielles non douteuses, si on les amnistiait, ne pourraient pas profiter des avantages de l'amnistie, parce qu'ils ont été condamnés antérieurement, pour des crimes de droit commun, à des peines afflictives et infamantes.

Il y a une autre catégorie très restreinte de condamnés, mais c'est la plus bruyante, c'est celle qui soulève des orages et qui a été récemment l'occasion d'une émotion qui n'a pas été sans profondeur dans le pays. Ces hommes se présentent devant la France et lui disent : Tu vas oublier notre méfait. Et eux, ont-ils oublié ? Pour oublier il faut être deux. Eux se présentent avec l'intention hautement avouée de recommencer ; méconnaissant aujourd'hui encore la souveraineté nationale, ils prétendent s'imposer à la France malgré elle. C'est donc la révolte permanente qu'on veut amnistier !

Je comprendrais qu'on oubliât ce qui s'est passé, si les coupables reconnaissaient leur erreur ou si, perdus dans la foule des citoyens, ils se soumettaient paisiblement aux lois établies. Mais ceux-ci se présentent et disent : Ouvrez-moi la porte, afin que je recommence. Ces prétentions hautaines donnent à réfléchir aux hommes politiques. Nous avons la charge de maintenir la constitution, on veut la renverser ; nous avons la garde des institutions, on veut les détruire ; nous avons la garde de votre sécurité à tous, on la menace. Voilà ce qu'on prétend faire ! Montrer au pays où mènent ces revendications de condamnés suffit, je pense, pour justifier le refus de l'amnistie plénière. (*Applaudissements.*)

Une autre question politique, est, comme on dit, à l'ordre du jour.

Qui ne lit aujourd'hui les journaux ? Tout le monde lit, et c'est un grand bien ; aussi la question de la liberté de la presse vous intéresse-t-elle.

On prépare, en ce moment, une loi sur la liberté de la presse, et il faut que je vous dise, très brièvement, ce que je pense à ce sujet. Vous connaissez, Messieurs, le théorie de l'impunité absolue de la presse. Quels que soient les prétextes ou les raisons dont on appuie cette théorie, je prétends qu'il n'y a pas de citoyens en France qui aient des droits particuliers à l'impunité ; je n'admets pas qu'un homme échappe à l'action de la loi parce qu'il a une plume à la main, quand je vois son voisin qui, commettant la même action, se trouve soumis à l'application d'une loi pénale.

La liberté, oui, mais la liberté pour tout le monde, voilà celle que j'aime. Un homme passe dans la rue, il outrage son voisin, une loi l'atteint ; un autre homme outrage aussi un citoyen, mais il l'outrage dans un journal, et cette injure ne reste pas renfermée dans l'enceinte d'une rue, d'un lieu public, d'une ville, elle est répercutée à l'infini, de telle sorte que le délit prend une importance énorme et que l'injure en devient plus grande. Et cet homme serait impunissable ! Où est donc la justice ? Que fait-on du droit commun ? Il n'y a pas de citoyens qui soient au-dessus des lois dans un gouvernement libre, dans une République. (*Bravos.*)

Maintenant, quels sont les délits de presse ? C'est sur ce terrain que se place précisément le débat.

Sur ce point, je ne sais pas si je serai d'accord avec vous, mais je vais vous dire mon opinion, qui est réfléchie, méditée, car il est très peu de questions sur lesquelles on ait tant écrit que sur la liberté de la presse ; mon opinion est aussi le résultat de l'expérience que j'ai pu acquérir dans l'exercice du pouvoir.

Messieurs, notre Code pénal définit et punit toutes les atteintes injustes portées aux droits de l'État, aux droits collectifs et à ceux des particuliers. C'est là qu'est la base du droit commun.

Selon moi, les lois spéciales peuvent avoir pour objet de modifier ce droit commun, soit au point de vue des juridictions, soit au point de vue des pénalités, mais non de le dénaturer et de l'étendre.

Je suis arrivé à cette idée qu'il n'y a pas de délit d'opinion. Vous avez une opinion sur une question quelconque, philosophique, historique, religieuse : cette opinion est peut-être fâcheuse, quelquefois même funeste ; elle peut aussi être appréciée bien diversement selon les sentiments différents de ceux qui la jugent ; mais enfin, c'est une opinion, et je respecte tellement l'esprit humain, que je ne me reconnais pas le droit de punir une erreur, ou ce que je crois être une erreur. Mais un droit lésé, une blessure faite, un principe social menacé, ce n'est plus une opinion, c'est un délit, et tout délit est punissable, fût-il commis par la voie de la presse. Il faut seulement atteindre le coupable, et c'est une des difficultés de cette législation.

Messieurs, je vous en prie, quand vous aurez à vous faire une opinion sur une question politique, — vous avez à vous en faire une tous les jours, — mettez-vous toujours en présence de ce principe qui est bien simple, mais qui est fécond en conséquences et qui est le principe même de la liberté : respecter, aimer, défendre religieusement le droit commun. Il faut que tout le monde soit traité sur le même pied, par les mêmes raisons, avec les mêmes indulgences ou avec les mêmes sévérités. Voilà un principe primordial, dominant, essentiel, et tout pays qui s'en écarte expose sa liberté. Il arrive quelquefois qu'un parti triomphant trouve un adversaire qui lui déplait, qui blesse ses sentiments, ses susceptibilités, ses préjugés, et ce parti triomphant dit : Je vais écraser l'ennemi, supprimer l'obstacle ; cet homme me gêne, je vais le faire disparaitre. Et on ne s'aperçoit pas que ce que celui-ci a fait aujourd'hui contre un ennemi, un autre pourra le faire demain contre lui-même. Les lois d'exception sont des lois terribles, même celles qui vous paraitraient inoffensives : on sait où elles commencent, vous ignorez où elles finissent ; elles peuvent frapper successivement tous les citoyens. Messieurs, ne les souffrons jamais ; respectons le droit commun, c'est notre sauvegarde à tous.

Ces considérations m'amènent précisément à vous parler d'uue question bien grave qui agite l'opinion publique, c'est la loi sur l'enseignement supérieur. (*Rumeurs dans l'auditoire.*)

Je vous disais tout à l'heure que quand vous avez à vous occuper d'une question politique, à juger une solution politique, il fut vous demander si le droit commun a été respecté. Défiez-vous de vos passions, de vos sentiments particuliers, car c'est précisément pour flatter les passions, pour complaire à certaines dispositions spéciales du moment, qu'on fait des lois d'exception. C'est pour cela que moi, qui ai voté la loi sur l'enseignement supérieur, parce qu'elle renfermait plusieurs dispositions que j'approuvais, je n'ai pas voté l'article 7. J'ai considéré que l'article 7 était une loi d'exception.

Messieurs, en serions-nous venus à faire fi de notre histoire, et des bienfaits successifs que la Révolution française nous apporte à mesure que ses conséquences se développent? Toute liberté nouvelle est un pas en avant dans la voie du progrès. Le progrès humain, c'est l'affranchissement individuel, c'est l'affranchissement des hommes sous toutes les formes et dans tous les ordres d'idées; c'est à ce signe seul que se reconnaît le progrès : c'est le but marqué de la civilisation.

Aussi, quand une liberté nouvelle prend place dans nos lois, gardons-la avec un soin jaloux. Elle peut, à un moment donné, produire des effets qui vous blessent, qui vous déplaisent : attendez. Les libertés sont toujours fécondes et, plus tard, vous vous apercevrez de tous les biens qu'elles apportent avec elles. Ne vous souvenez-vous plus de la révolution de 1848, qui nous a donné le suffrage universel, c'est-à-dire, la souveraineté, non pas seulement en idée, mais en action, en réalité? C'est cette révolution qui a rendu à la France la liberté de l'enseignement, et déjà on songe à repousser ce bienfait! A mon sens, ce serait une grande faute de la part des républicains, et ils se condamneraient eux-mêmes en la répudiant.

Je vous disais tout à l'heure que cette loi répondait à des passions vives. Croyez-vous que je sois indifféren à ces passions? Croyez-vous que je ne sois pas mêlé à la foule et que je ne ressente pas les sentiments de mon pays? Le cléricalisme, cet alliage impie de la politique et des croyances religieuses, je le déteste autant que vous! (*Vifs applaudissements.*)

Je sais bien quels sont ses dangers, et, sous ce rapport, croyez-vous que je pense autrement que vous? Mais il suffit d'être Français pour ne pas être clérical! (*Bravos.*)

Je m'étonne quelquefois, je l'avoue, de voir mes amis éprouver tant d'effroi. Comment! ce pays qui, à aucune époque de son histoire, n'a supporté la domination théocratique, qui a constamment combattu contre elle, ce pays de Rabelais, de Montaigne, de Molière, de Voltaire, vous croyez qu'il est capable de subir la suprématie de l'Église dans les affaires civiles? On ne se souvient donc plus de Louis XIV et de sa révocation de l'édit de Nantes? Est-ce que Louis XIV a pu arrêter le mouvement des idées, et n'a-t-il pas, au contraire, favorisé le mouvement philosophique du xviii° siècle?

La Restauration, le deuxième Empire ont aussi donné les mains au cléricalisme: ont-ils vaincu l'esprit moderne? Les efforts faits dans ce sens ont toujours été impuissants. Voilà ce qu'apprend l'histoire; on l'oublie. Ces sentiments de nos aïeux sont aujourd'hui les nôtres. J'entendais quelqu'un, à ce propos, me dire: Mais, dans une élection, il suffirait qu'un candidat mît sur son affiche *candidat clérical* pour que tout le monde éclatât de rire.

Je suis loin, d'ailleurs, de méconnaître quels peuvent être les résultats funestes d'un enseignement qui diviserait les générations nouvelles sur les principes essentiels de notre droit public. On a beaucoup parlé, dans cette question, de la nécessité de maintenir l'unité morale de notre pays,

Ce mot, c'est moi qui l'ai prononcé le premier, et savez-vous où et quand? C'est ici même, dans un banquet dont le souvenir m'est encore présent; il semble que j'y sois. J'étais alors ministre de l'intérieur, et dans un discours que je fis à la fin du banquet qui m'était offert, je parlais de la nécessité de maintenir l'unité morale de notre patrie.

Certes, il faut l'unité morale, il faut l'obtenir, et elle s'obtiendra par le mouvement naturel des idées, par la marche ascensionnelle des opinions libérales; et nos lois, nos règlements universitaires peuvent y suffire.

Egalité dans les conditions de l'enseignement public : il faut que les congréganistes soient soumis à la nécessité des mêmes diplômes que nos instituteurs (*Vif assentiment*); il faut surveiller l'enseignement qui se donne à côté de nous, ne pas permettre qu'on enseigne à nos enfants des principes contraires au droit public de la France, à la République ; il faut enlever aux universités libres le droit d'accorder des grades. C'est là une fonction d'Etat que l'Etat a le devoir de réserver. Qui donc a jamais nié ces choses? Mais lorsque j'entends cette parole étrange dans un pays libre : que l'Etat a charge d'âmes, je réponds :

Non, personne n'a charge de mon âme, et je vous engage beaucoup, Messieurs, à garder la charge de la vôtre.

Charge d'âmes ! Mais c'est un mot de l'ancien régime. Quand Louis XIV révoquait l'édit de Nantes, il disait aussi qu'il avait charge d'âmes. Il entendait maintenir l'unité de la foi catholique dans son royaume, se considérant comme responsable de la conscience de ses sujets. Et l'on veut renouveler ces pratiques !

Avec le sentiment que j'ai de la liberté, avec l'idée que je me forme de la puissance de la République, quand j'aperçois l'inanité des efforts tentés contre elle, la force indomptable du courant des idées contre les obstacles qu'on leur oppose, j'avoue que je ne comprends pas que l'on s'arme d'une massue pour écraser un moucheron.

Lorsque le Gouvernement a entre les mains cent moyens pour obtenir législativement, sans violence, avec la certitude d'avoir pour soi l'opinion publique, les résultats que veut légitimement atteindre le pays, c'est une faute, selon moi, d'avoir transformé cette question universitaire en une querelle religieuse, et d'avoir divisé le parti républicain sur un terrain où des équivoques fâcheuses ont dérouté l'opinion publique.

Le sort de la loi est maintenant entre les mains du Sénat. J'ignore ce qu'il sera, mais, quoi qu'il arrive, je souhaite ardemment qu'il n'en résulte aucun embarras pour le Gouvernement de mon pays.

Je souhaite surtout qu'une division dans le parti

libéral ne vienne pas s'ajouter à tant d'autres divisions qui nous affaiblissent et nous déchirent.

Quant à moi, — je dois cette déclaration à mes commettants, — je respecte profondément les croyances religieuses et les cultes. Je ne fais pas de profession de foi religieuse, ce sont là des secrets de conscience que personne n'a le droit de demander, et que je trouve inconvenant d'étaler en public. Mais quelle que soit ma qualité, ministre, député ou citoyen, je serai toujours pour la liberté civile contre la domination de l'Eglise dans les affaires de l'État.

Dans les matières religieuses plus que dans toute autre, des législateurs prudents et un Gouvernement sage ne devancent pas l'opinion publique. Elle seule donne la vraie mesure des nécessités sociales auxquelles il faut pourvoir. Mais, s'il est vrai qu'il y ait des mesures à prendre contre une association célèbre dont le nom est dans toutes les bouches, je m'en tiendrais aux principes que j'ai annoncés comme étant les miens, aux principes de la liberté et du droit commun. Vous voulez vous occuper des associations religieuses, occupez-vous de toutes les associations à la fois. Pas d'exception pour celle-ci au profit de celle-là, le droit commun pour toutes. Et alors, s'il faut étudier le droit à l'existence des associations, il y a un principe que, pour ma part, je trouve, bon et vous allez en voir tout à l'heure les conséquences, tant il est vrai que quand on reste sur le terrain des principes on est presque toujours sûr d'avoir raison devant tout le monde.

Le droit d'association est un droit naturel et il a été proclamé dans toutes nos constitutions libres. Mais qu'est-ce qu'une association ? C'est un être moral. Quand un enfant naît dans votre demeure, vous allez le déclarer à l'officier de l'état civil et on constate sa naissance; c'est un citoyen français qui vient de naître et il faut que l'Etat le connaisse.

Eh bien, une association ne peut naître qu'à la même condition; il faut que l'Etat la connaisse, car c'est un être moral, une individualité; elle ne peut pas vivre, durer, exister, continuer les fonctions sans que l'Etat en ait connaissance.

Lorsqu'une association se forme ayant à sa tête un chef qui n'est pas Français, quand elle a des statuts qui ne sont pas soumis à l'appréciation du pouvoir civil français, quand elle a une fonction qui échappe à la surveillance du gouvernement français, on peut se demander si une telle association a le droit de vivre.

L'application, en toute chose, des vrais principes de la liberté donne toujours et en toutes matières les solutions les meilleures. L'opinion publique seule est propre à faire connaître si ces solutions sont devenues nécessaires.

Il y a une autre question qui va être soumise à l'examen des Chambres. Je vous en entretiens parce que j'ai dans cette matière une compétence un peu particulière, et parce que, selon moi, elle a une gravité exceptionnelle: je veux parler de la réforme judiciaire.

Il y a deux projets sur cette réforme : l'un est dû à l'initiative individuelle de M. Charles Boysset ; il propose de donner une nouvelle investiture aux magistrats, c'est-à-dire de les soumettre à une consécration nouvelle de la part de l'autorité, en un mot, de leur enlever pour un temps l'immunité de l'inamovibilité.

Le second projet émane du Gouvernement et consiste dans la suppression d'un grand nombre de tribunaux et de cours d'appel.

Je ne veux dire qu'un mot sur cette question, mais je tiens à le dire, parce que, selon moi, elle présente un haut intérêt.

J'estime que toucher à l'inamovibilité de la magistrature, c'est commettre une faute considérable. Je rencontre sur cette question plutôt des préjugés et des passions que des opinions contraires : ces résistances sont fondées sur des faits tout à fait récents. On a accusé la magistrature de ne pas se montrer favorable à la République, de se montrer même agressive contre elle.

Tout cela peut être vrai ; mais est-ce par des motifs contingents, par des considérations de personnes que l'on peut résoudre des questions sociales de cette importance ? Les personnes changent, l'esprit des corps se modifie, et le temps, qui, pour les hommes d'action, s'appelle la patience, est un élément dont il faut tenir compte. Quels que soient donc les mécontentements qu'on ait pu éprouver à la suite de certains actes, à la suite de manifestations de mauvaise volonté, — que je ne conteste pas, — le principe de l'inamovibilité est un principe protecteur, c'est la sauvegarde de vos droits. Dans une démocratie, la seule règle qui vous protège tous, c'est la loi. Or, la magistrature, c'est la loi vivante, et il faut qu'elle soit placée au-dessus des passions qui nous agitent, qu'elle soit étrangère aux sentiments qui se manifestent autour d'elle ; il faut qu'elle participe de l'impassibilité, de l'immutabilité de la loi. Si vous supposez un corps judiciaire animé de vos passions ou de celles de vos adversaires, que l'on puisse remplacer chaque jour au gré du vent des partis, où donc est votre sauvegarde ? Aujourd'hui vous êtes jugés par des amis, demain vous le serez par des ennemis. Le principe tutélaire de l'indépendance des magistrats est la seule garantie de vos droits et de vos intérêts.

Eh quoi ! on sacrifierait cette garantie suprême, pour des impatiences d'un jour, pour des mécontentements personnels, pour des griefs transitoires ! Quoi ! la République, la démocratie française se plairait, trouvant cette force sociale sur son chemin, à la renverser comme un obstacle qui la gêne, sans prévoir que cet obstacle d'un jour pourra être son point d'appui demain ! Vous qui vous plaignez de l'esprit qui règne, dit-on, dans certains corps judiciaires, si vous vous privez de cette garantie suprême de l'indépendance de vos magistrats, garantie protectrice des droits de tous, quand vous l'aurez atteinte, la retrouverez-vous lorsque vous en aurez besoin ?

Imprudents sont ceux qui en politique ne songent pas au lendemain !

Quant au procédé qui consiste à supprimer un grand nombre de cours et de tribunaux, je n'en vois pas l'avantage ; mais le résultat certain sera d'éloigner la justice des justiciables. De plus, cette mesure serait une atteinte aux intérêts de beaucoup d'officiers ministériels et porterait un coup funeste à la prospérité d'un grand nombre de nos villes de province, qui ont besoin de conserver tous les éléments moraux et matériels de vitalité qui leur restent.

Je ne prétends pas qu'on ne puisse pas améliorer notre service judiciaire. On peut étudier l'organisation d'une magistrature ambulatoire, comme en Angleterre, faire rentrer les cadres du personnel dans les limites primitives ; mais dans l'étude et dans la solution d'une question de cette importance, je considère qu'il faut à tout prix préserver de toute atteinte sérieuse une des grandes forces sociales de la nation.

Messieurs, dans ces questions de gouvernement ou de législation, je suis dominé par une préoccupation presque unique, celle de la liberté. A ce principe supérieur qui dirige ma vie politique, je ne sacrifierai rien.

J'ai la conviction profonde que ce n'est que par la liberté que la France pourra reprendre et sa puissance matérielle, et son influence sur le monde, et son ancienne grandeur. Si nous nous laissons aller à toucher à la liberté pour des raisons éphémères, pour des motifs qui ne sont que de vaines apparences, pour donner satisfaction à des passions du moment, nous nous réveillerons un jour ayant perdu non seulement la liberté, mais aussi la République, et nous verrons apparaître encore une fois derrière elle, la figure d'un César.

On parle beaucoup de progrès; moi aussi j'aime le progrès. Mais de même qu'il y a un parti qui en politique a une tendance à substituer l'arbitraire à la pratique de la liberté, qui tient plus de compte de ce qu'il nomme ses principes ou certains droits supérieurs que des droits individuels, qui n'a qu'un goût médiocre pour la légalité, à laquelle il préfère je ne sais quelle prépotence que rien ne légitime, qui affecte volontiers, et d'un air d'autorité, d'imposer à un peuple libre des formules quasi sacramentelles, de même, dans les réformes, quelques-uns apportent un esprit tout différent de l'esprit de liberté.

Dernièrement encore, un homme considérable du parti républicain exposait des doctrines sociales dans lesquelles l'État joue, selon moi, un rôle qui n'est pas le sien, et dans lesquelles je ne puis reconnaître les véritables caractères du progrès social.

Les réformes imposées ressemblent trop à des servitudes; elles ne sont pas le progrès normal et régulier d'un peuple libre. Je n'ai, quant à moi, lorsqu'il s'agit d'organisation sociale, aucun goût pour les casernes ou pour les phalanstères : le travail, l'effort, l'initiative individuelle, fécondés, si l'on veut, par

l'association, voilà, à mes yeux, les seuls moyens
d'améliorer leur sort qu'aient des hommes libres.

Qu'on apporte des projets de réforme, nous les
discuterons avec empressement et avec le désir sincère d'élever le niveau matériel et moral de notre
société française, dont la prospérité à tous les degrés
de l'échelle sociale importe également à tout le
monde. Pour mon compte, je ne me déroberai pas à
cette tâche, et je crois, en effet, qu'en écartant réso-
lûment les chimères, on peut, en améliorant certaines
parties de notre législation civile et politique, modifier dans un sens favorable aux personnes, utile à
l'Etat, la condition générale des membres de la grande
famille française. Mais je tiens en même temps
qu'il n'y a pas d'œuvre plus fausse et plus antifran-
çaise que de rétablir dans ce pays d'égalité des clas-
sifications de citoyens, et de faire de la lutte des
intérêts une lutte fratricide.

J'ai été bien long, Messieurs, mais je tenais à vous
dire ce que je pense sur les questions pendantes.
Je n'ai rien déguisé, je vous ai ouvert mon cœur,
ma conscience, mon esprit; vous êtes juges de ma
conduite; je n'ai jamais faibli aux promesses que
j'avais faites, et je n'y faiblirai jamais.

Quant à la République, elle a ma foi, elle la gar-
dera.

Il m'est revenu que quelquefois on se demande si
l'homme qui vous parle est vraiment bien attaché à
la République. La question serait presque blessante
pour moi, si je ne savais que les hommes publics sont

exposés à tous les doutes. Quand ces doutes me sont révélés, je me demande ce qui a pu les faire naître. Jamais aucune parole de mes lèvres, jamais aucune acte de ma conduite n'ont pu faire supposer que j'abandonnerais la cause à laquelle je me suis attaché.

Mes idées sociales, philosophiques, historiques m'ont conduit à la République; personne ne m'y forçait; je l'ai fait librement, n'obéissant qu'à ma conscience. Cela suffirait; mais il y a plus : mon honneur personnel me lie à la République. Est-ce que je n'ai pas été un de ses premiers serviteurs? Il faut faire bien peu de cas de ma dignité personnelle et bien peu me connaître pour supposer que je pourrais changer. A Dieu ne plaise que notre parti en vienne à considérer des divergences de vues comme des défections ! (*Vifs applaudissements.*)

Messieurs, la République est définitivement fondée et en pleine sécurité ; rien ne la menace, rien ne peut la détruire. Par un instinct merveilleux de sagesse et de perspicacité, qui est le propre de la nation française, le peuple a compris que là était le salut, et il l'a à plusieurs reprises proclamé dans ses comices.

Sa volonté est formelle, et elle restera inébranlable. Nous avons pour garant aussi de la durée de la République, la sagesse calme, la sagacité politique, la tranquillité d'âme, la ferme volonté du chef de l'État, du président Grévy. (*Vifs applaudissements.*)

La volonté du pays d'une part, le dévouement, le

zèle de vos représentants de l'autre, la garantie de l'homme qui a été placé à la tête de la République au moment où elle allait rencontrer toutes les conditions d'existence nécessaires, tout cela peut vous rendre tranquilles, et je puis vous donner l'assurance que la République, que vous aimez, restera le régime de la France. (*Applaudissements prolongés. Cris : Vive de Marcère!*)

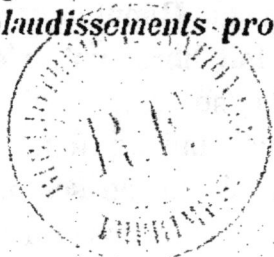

Paris, Imp. P. Dupont, 41, rue J.-J.-Rousseau.— 3119.79.

161

www.ingramcontent.com/pod-product-compliance
Lightning Source LLC
Chambersburg PA
CBHW060745280326
41934CB00010B/2357